AF188342

Impressum
Verlag: BABADADA GmbH, Nedderfeld 112 , 22529 Hamburg
Geschäftsführer / Verlagsleitung: Harald Hof
Druck: Books on Demand GmbH, In de Tarpen 42, 22848 Norderstedt

Imprint
Publisher: BABADADA GmbH, Nedderfeld 112 , 22529 Hamburg, Germany
Managing Director / Publishing direction: Harald Hof
Print: Books on Demand GmbH, In de Tarpen 42, 22848 Norderstedt, Germany

skola

școală

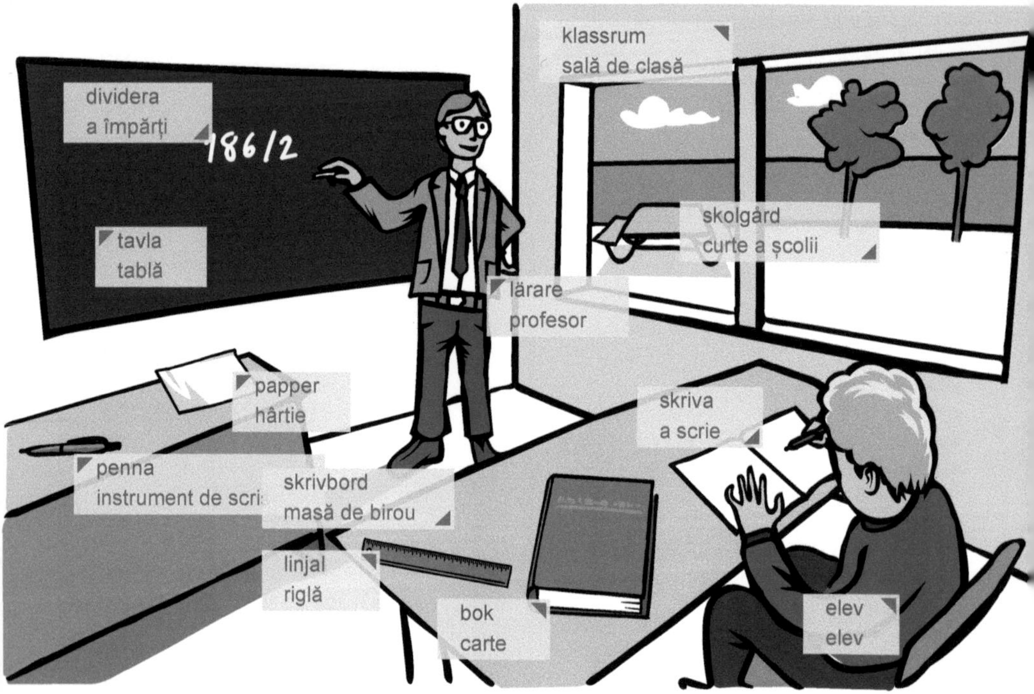
klassrum
sală de clasă
dividera
a împărți
186/2
tavla
tablă
skolgård
curte a școlii
lärare
profesor
papper
hârtie
skriva
a scrie
penna
instrument de scri
skrivbord
masă de birou
linjal
riglă
bok
carte
elev
elev

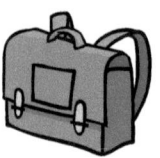

skolväska

ghiozdan

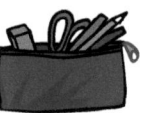

pennfodral

penar

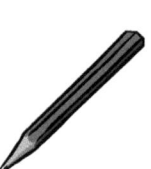

blyertspenna

creion

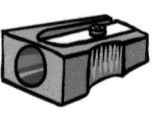

pennvässare

ascuțitoare

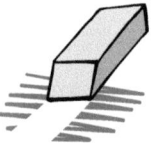

suddgummi

radieră

ritblock

bloc de desen

teckning
....
desen

pensel
....
pensulă

målarlåda
....
cutie de acuarele

sax
....
foarfece

lim
....
lipici

övningsbok
....
caiet de exerciții

hemläxa
....
temă

tal
....
număr

addera
....
a aduna

subtrahera
....
a scădea

multiplicera
....
a multiplica

räkna
....
a calcula

bokstav
....
literă

alfabet
....
alfabet

ord
....
cuvânt

text
text

läsa
a citi

krita
cretă

lektion
oră

register
catalog

prov
examen

intyg
certificat

skoluniform
uniformă școlară

utbildning
educație

uppslagsverk
enciclopedie

universitet
universitate

mikroskop
microscop

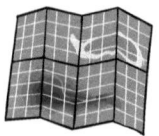

karta
hartă

papperskorg
coș de gunoi

resa

călătorie

hotell
hotel
Grand
vandrarhem
hostel
ROOMS
växelkontor
casă de schimb valutar
resväska
valiză
bil
autovehicul

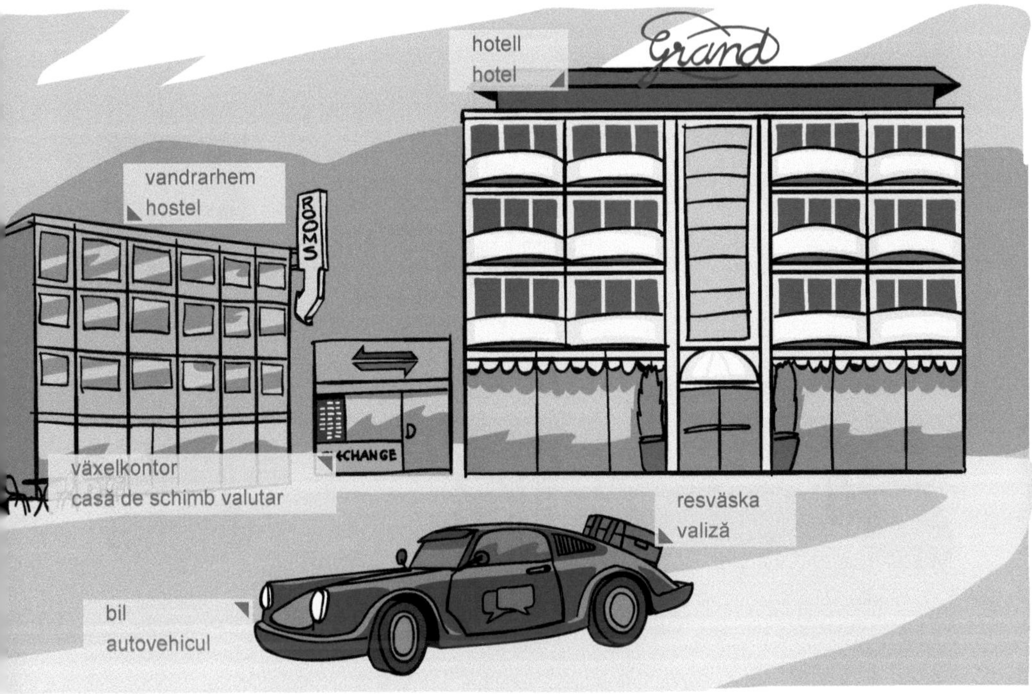

språk
limbă

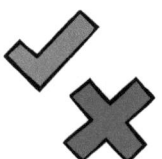

ja / nej
da/nu

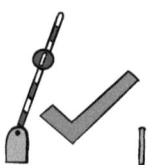

Okay
okay

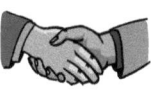

hej
Bună!

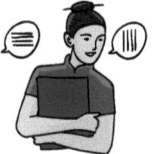

översättare
interpret

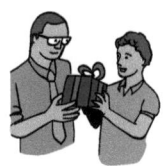

Tack
mulțumesc

hur mycket kostar...?

Cât costă...?

jag förstår inte

Nu înțeleg

problem

problemă

God kväll!

Bună seara!

God morgon!

Bună dimineața!

God natt!

Noapte bună!

hejdå

la revedere

riktning

direcție

bagage

bagaj

väska

geantă

ryggsäck

rucsac

gäst

oaspete

rum

cameră

sovsäck

sac de dormit

tält

cort

turistinformation

punct de informare turistică

strand

plajă

kreditkort

carte de credit

frukost

mic dejun

lunch

masa de prânz

middag

cină

biljett

bilet de călătorie

hiss

lift

frimärke

timbru poștal

gräns

graniță

tull

vamă

ambassad

ambasadă

visum

viză

pass

pașaport

transport
transport

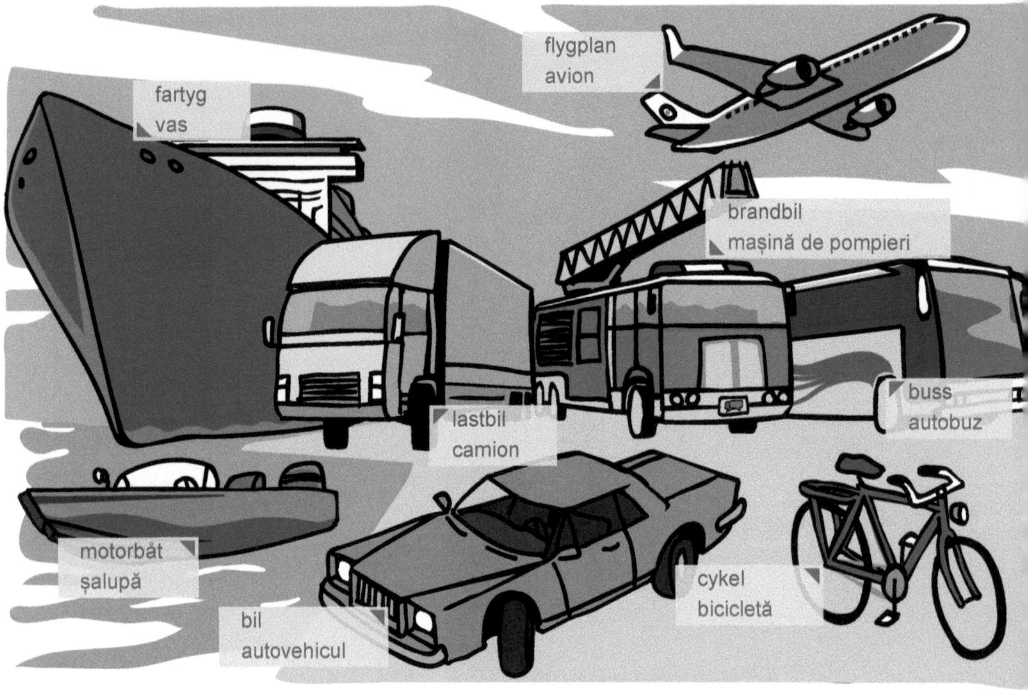
flygplan
avion
fartyg
vas
brandbil
mașină de pompieri
buss
autobuz
lastbil
camion
motorbåt
șalupă
cykel
bicicletă
bil
autovehicul

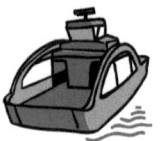

färja

feribot

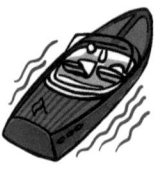

båt

barcă

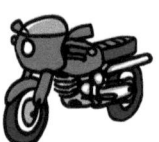

motorcykel

motocicletă

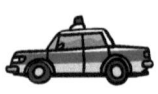

polisbil

mașină de poliție

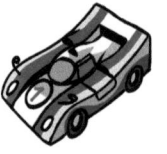

racerbil

mașină de curse

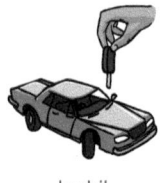

hyrbil

mașină închiriată

bilpool

car sharing

bärgningsbil

mașină de tractat

sopbil

mașină de gunoi

motor

motor

bränsle

combustibil

bensinstation

benzinărie

vägmärke

semn de circulație

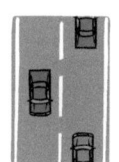

trafik

trafic

bilkö

ambuteiaj

parkeringsplats

parcare

tågstation

gară

räls

șine

tåg

tren

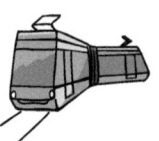

spårvagn

tramvai

vagn

vagon

helikopter

elicopter

flygplats

aeroport

torn

turn

passagerare

pasager

container

container

kartong

carton

vagn

căruță

korg

coș

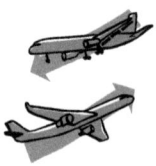

starta / landa

a decola/a ateriza

stad

oraș

by

sat

centrum

centru

hus

casă

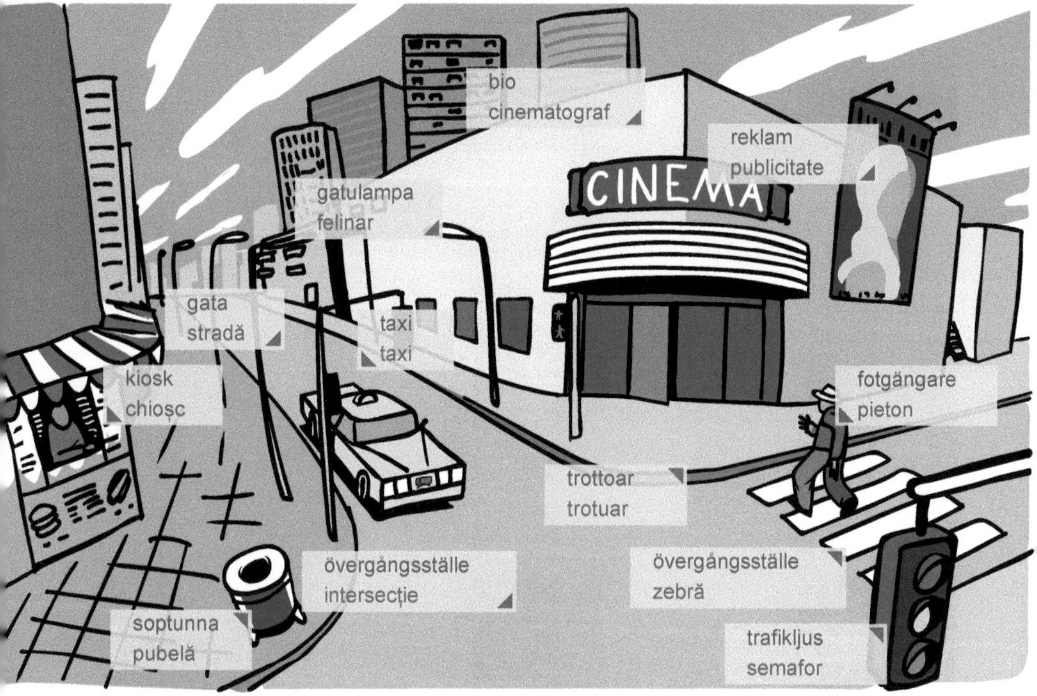

bio
cinematograf

reklam
publicitate

gatulampa
felinar

gata
strada

kiosk
chiosc

taxi
taxi

CINEMA

fotgängare
pieton

trottoar
trotuar

övergångsställe
intersecție

övergångsställe
zebră

soptunna
pubelă

trafikljus
semafor

stuga

cabană

lägenhet

apartament

tågstation

gară

stadshus

primărie

museum

muzeu

skola

școală

stad - oraș

universitet

universitate

bank

bancă

sjukhus

spital

hotell

hotel

apotek

farmacie

kontor

birou

bokhandel

librărie

affär

magazin

blomsterbutik

florărie

stormarknad

supermarket

marknad

piaţă

varuhus

magazin universal

fiskhandlare

comerciant de peşte

köpcentrum

centru comercial

hamn

port

park
parc

bänk
bancă

brygga
pod

trappa
trepte

tunnelbana
metrou

tunnel
tunel

busshållplats
stație de autobuz

bar
bar

restaurang
restaurant

brevlåda
cutie poștală

gatuskylt
tăbliță indicatoare cu
numele străzii

parkeringsautomat
parcometru

zoo
grădină zoologică

simbassäng
piscină

moské
moschee

bondgård

gospodărie țărănească

fororening

poluare

kyrkogård

cimitir

kyrka

biserică

lekplats

loc de joacă

tempel

templu

landskap

peisaj

löv
frunză

vägskylt
indicator

väg
drum

äng
pajiște

sten
piatră

träd
copac

liftare
drumeț

flod
râu

gräs
iarbă

blomma
floare

dal
vale

kulle
deal

sjö
lac

skog
pădure

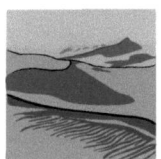

öken
deșert

vulkan
vulcan

slott
castel

regnbåge
curcubeu

svamp
ciupercă

palm
palmier

mygga
țânțar

fluga
muscă

myra
furnică

bi
albină

spindel
păianjen

skalbagge

gândac

groda

broască

ekorre

veveriță

igelkott

arici

hare

iepure

uggla

bufniță

fågel

pasăre

svan

lebădă

vildsvin

porc mistreț

rådjur

cerb

älg

elan

damm

dig

vindkraftverk

turbină eoliană

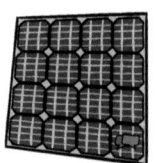

solcellspanel

panou solar

klimat

climă

restaurang
restaurant

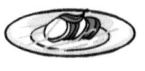

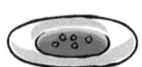

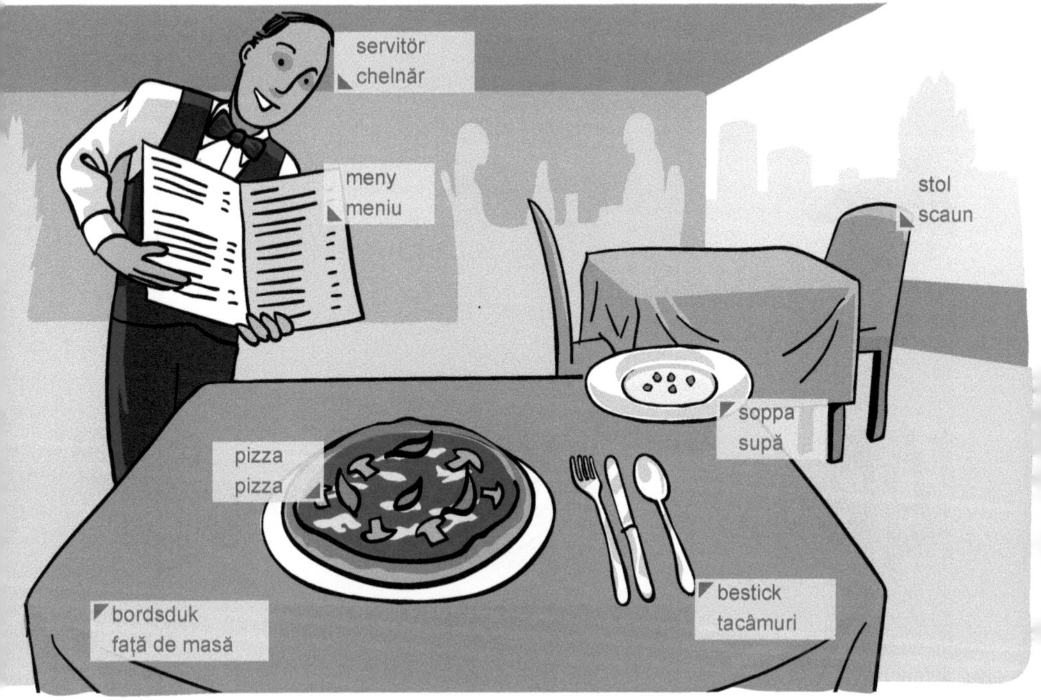
servitör
chelnăr
meny
meniu
stol
scaun
soppa
supă
pizza
pizza
bestick
tacâmuri
bordsduk
față de masă

förrätt

antreu

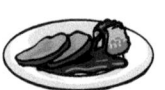

huvudrätt

fel principal

dessert

desert

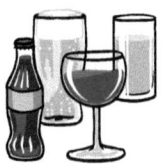

drycker

băuturi

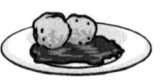

mat

mâncare

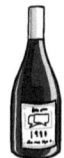

flaska

sticlă

snabbmat

fastfood

street food

streetfood

tekanna

ceainic

sockerskål

zaharniță

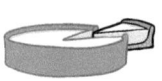

portion

porție

espressomaskin

espressor

barnstol

scaun înalt (pentru copii)

räkning

factură

bricka

tavă

kniv

cuțit

gaffel

furculiță

sked

lingură

tesked

linguriță

servett

șervețel

glas

pahar

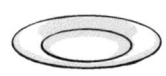

tallrik

farfurie

sopptallrik

farfurie de supă

tefat

farfurie

sås

sos

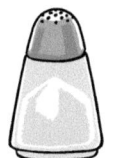

saltkar

solniță

pepparkvarn

râșniță de piper

vinäger

oțet

olja

ulei

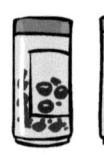

kryddor

condimente

ketchup

ketchup

senap

muștar

majonnäs

maioneză

stormarknad

supermarket

specialerbjudande
ofertă
kund
client
FOR
mejeriprodukter
produse lactate
frukt
fructe
varukorg
cărucior de cumpărături

BUTCHERS

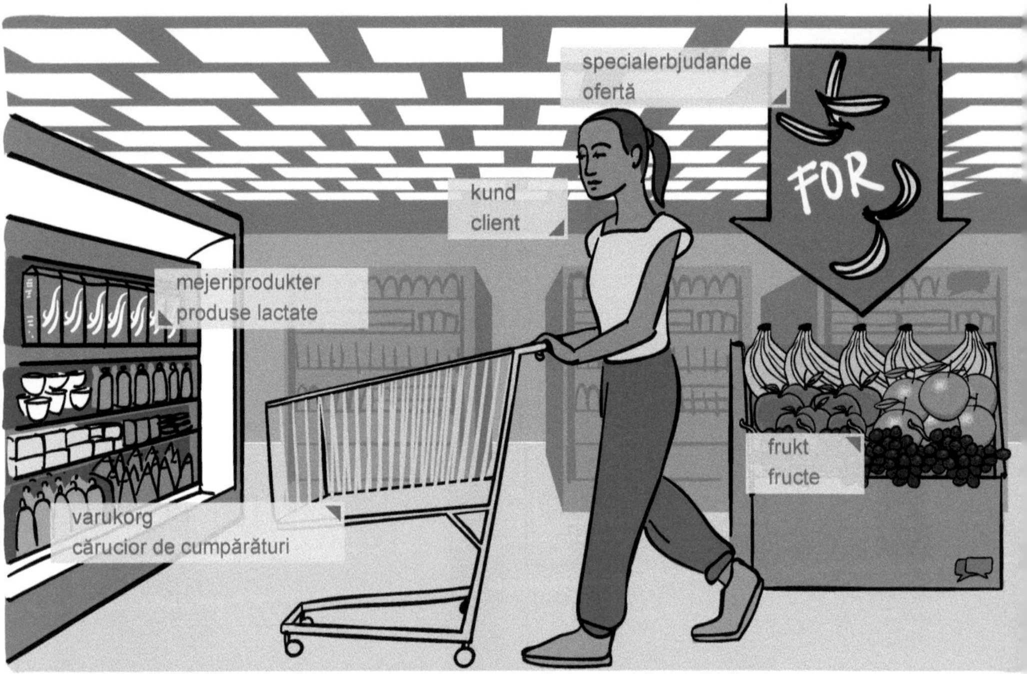

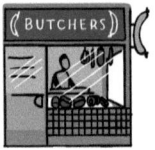

charkuteri

măcelărie

BAKERY

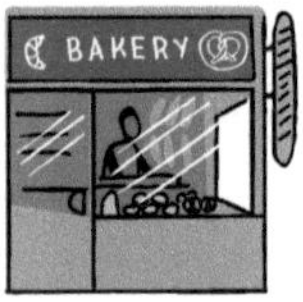

bageri

brutărie

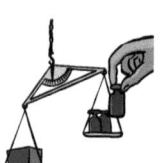

väga

a cântări

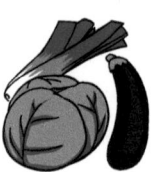

grönsaker

legume

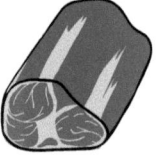

kött

carne

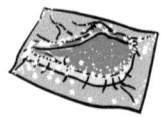

frysta livsmedel

alimente refrigerate

pålägg

mezeluri și brânzeturi feliate

konserver

conserve

tvättmedel

detergent

godis

dulciuri

hushållsprodukter

articole de menaj

rengöringsmedel

produse de curățenie

försäljare

vânzătoare

kassa

casă

kassör

casier

inköpslista

listă de cumpărături

öppettider

orar

plånbok

portmoneu

kreditkort

carte de credit

väska

geantă

plastpåse

pungă de plastic

vatten

apă

juice

suc

mjölk

lapte

cola

cola

vin

vin

öl

bere

alkohol

alcool

kakao

cacao

te

ceai

kaffe

cafea

espresso

espresso

cappuccino

cappucino

banan
....
banane

äpple
....
măr

apelsin
....
portocală

melon
....
pepene

citron
....
lămâie

morot
....
morcov

vitlök
....
usturoi

bambu
....
bambus

lök
....
ceapă

svamp
....
ciupercă

nötter
....
nuci

nudlar
....
paste făinoase

spaghetti

spagheti

ris

orez

sallad

salată

pommes frites

cartofi prăjiți

stekt potatis

cartofi țărănești

pizza

pizza

hamburgare

hamburger

smörgås

sandwich

schnitzel

șnițel

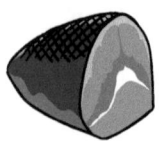

skinka

șuncă

salami

salam

korv

cârnați

kyckling

pui

stek

friptură

fisk

pește

havregryn

fulgi de ovăz

müsli

musli

cornflakes

cereale

mjöl

făină

croissant

corn

fralla

chifle

bröd

pâine

rostat bröd

pâine prăjită

kex

biscuiți

smör

unt

kvarg

brânză de vaci

kaka

prăjitură

ägg

ou

stekt ägg

ouă ochiuri

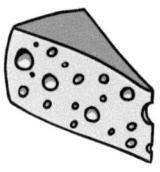

ost

brânză

glass

îngheţată

socker

zahăr

honung

miere

sylt

marmeladă

nougatkräm

cremă nuga

curry

curry

bondgård
gospodărie țărănească

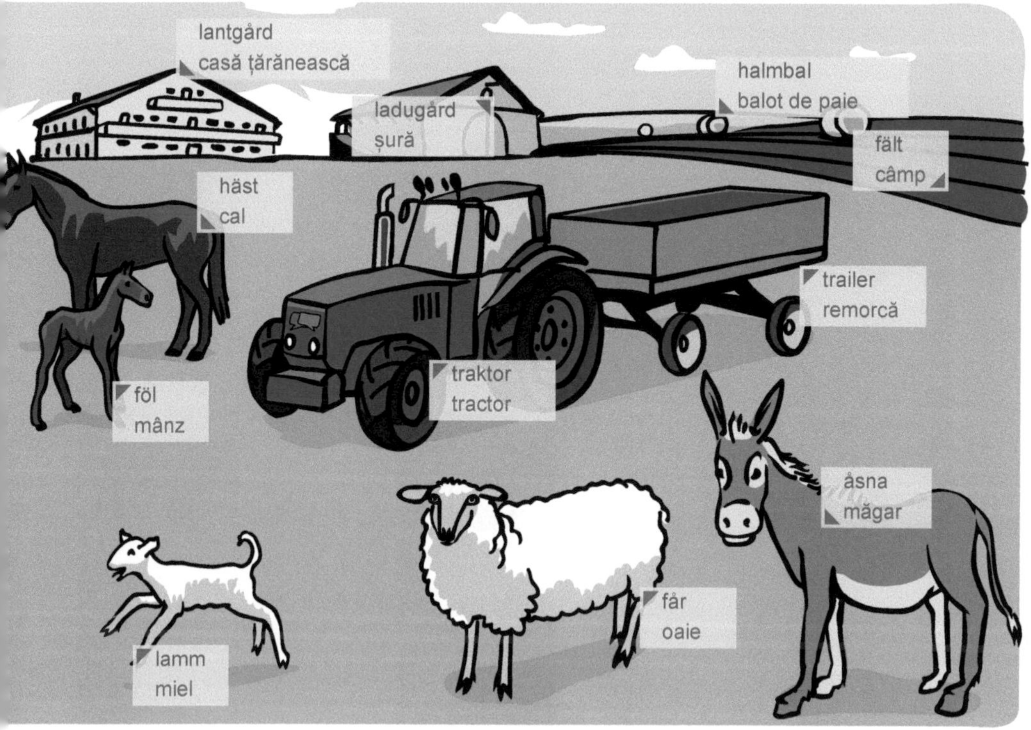

lantgård
casă țărănească
ladugård
șură
halmbal
balot de paie
fält
câmp
häst
cal
trailer
remorcă
föl
mânz
traktor
tractor
åsna
măgar
får
oaie
lamm
miel

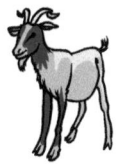

get

capră

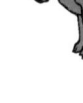

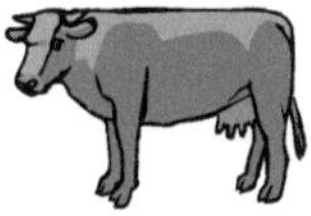

ko

vacă

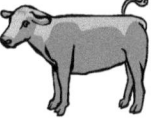

kalv

vițel

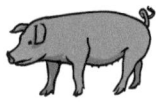

gris

porc

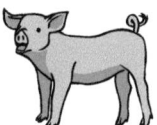

griskulting

purcel

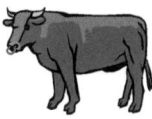

tjur

taur

gås
....
găină

anka
....
rață

kyckling
....
pui

höna
....
găină

tupp
....
cocoș

råtta
....
șobolan

katt
....
pisică

mus
....
șoarece

oxe
....
bou

hund
....
câine

hundkoja
....
cușcă

trädgårdsslang
....
furtun de grădină

vattenkanna
....
stropitoare

lie
....
coasă

plog
....
plug

skära
seceră

hacka
sapă

högaffel
furcă

yxa
secure

skottkärra
roabă

tråg
troacă

mjölkflaska
cană pentru lapte

säck
sac

staket
gard

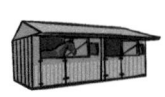

stall
grajd

växthus
seră

jord
sol

säd
sămânță

gödsel
fertilizator

skördetröska
combină de treierat

skörda

a culege

skörd

recoltă

jams

cartof yam

vete

grâu

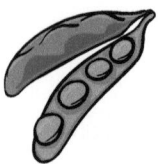

soja

soia

potatis

cartof

majs

porumb

raps

rapiță

fruktträd

pom fructifer

maniok

manioc

spannmål

cereale

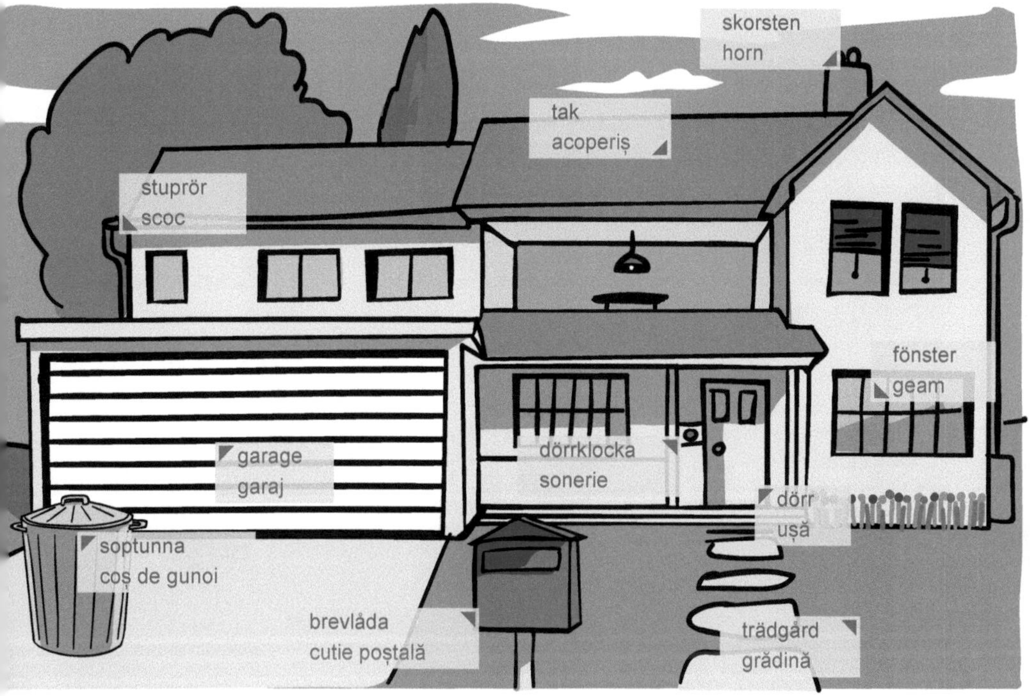

skorsten
horn

tak
acoperiș

stuprör
scoc

fönster
geam

garage
garaj

dörrklocka
sonerie

dörr
ușă

soptunna
coș de gunoi

brevlåda
cutie poștală

trädgård
grădină

vardagsrum

cameră de zi

badrum

baie

kök

bucătărie

sovrum

dormitor

barnrum

camera copiilor

matsal

sufragerie

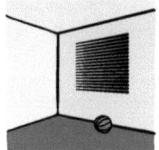

golv

podea

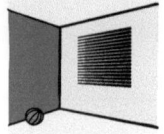

vägg

perete

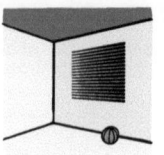

tak

tavan

källare

pivniță

bastu

saună

balkong

balcon

terrass

terasă

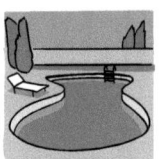

bassäng

piscină

gräsklippare

mașină de tuns iarba

lakan

cearșaf

överkast

cuvertură

säng

pat

kvast

mătură

hink

găleată

strömbrytare

întrerupător

vardagsrum
cameră de zi

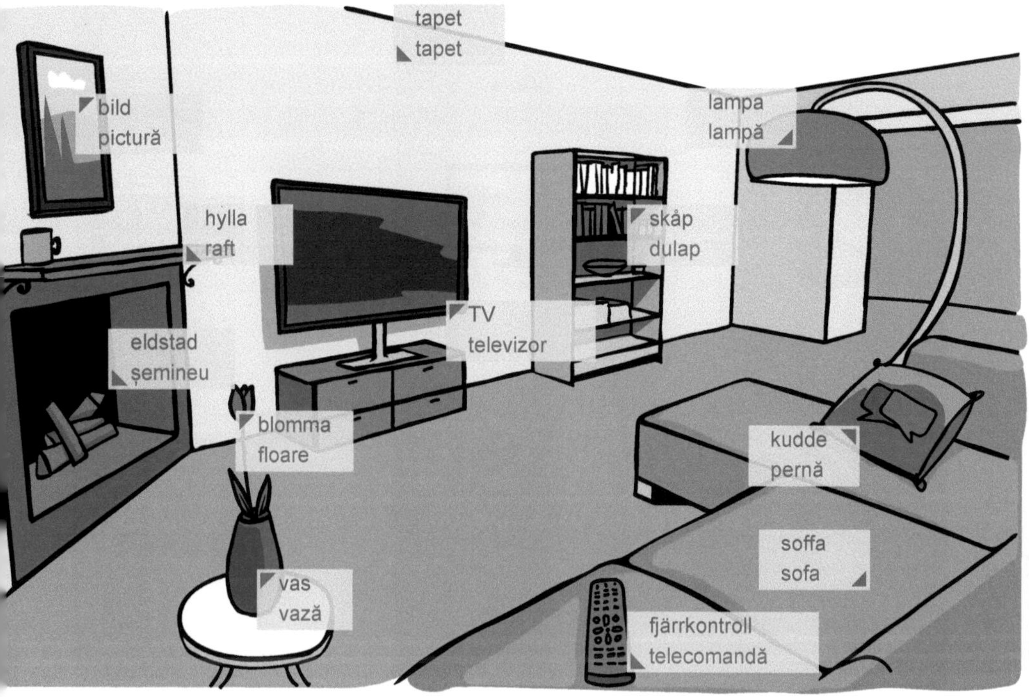
tapet
tapet
bild
pictură
lampa
lampă
hylla
raft
skåp
dulap
TV
televizor
eldstad
șemineu
blomma
floare
kudde
pernă
soffa
sofa
vas
vază
fjärrkontroll
telecomandă

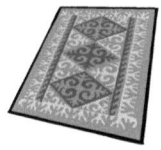

matta
covor

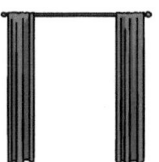

gardin
perdea

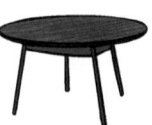

bord
masă

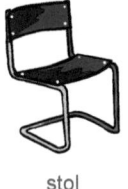

stol
scaun

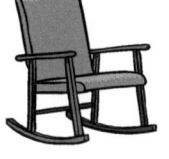

gungstol
balansoar

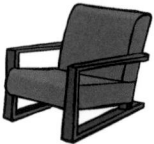

fåtölj
fotoliu

bok

carte

filt

pătură

dekoration

decoraţiune

vedträ

lemn de foc

film

film

stereoanläggning

instalaţie stereo

nyckel

cheie

dagstidning

ziar

målning

desen

poster

poster

radio

radio

anteckningsbok

caiet de notiţe

dammsugare

aspirator

kaktus

cactus

stearinljus

lumânare

kök
bucătărie

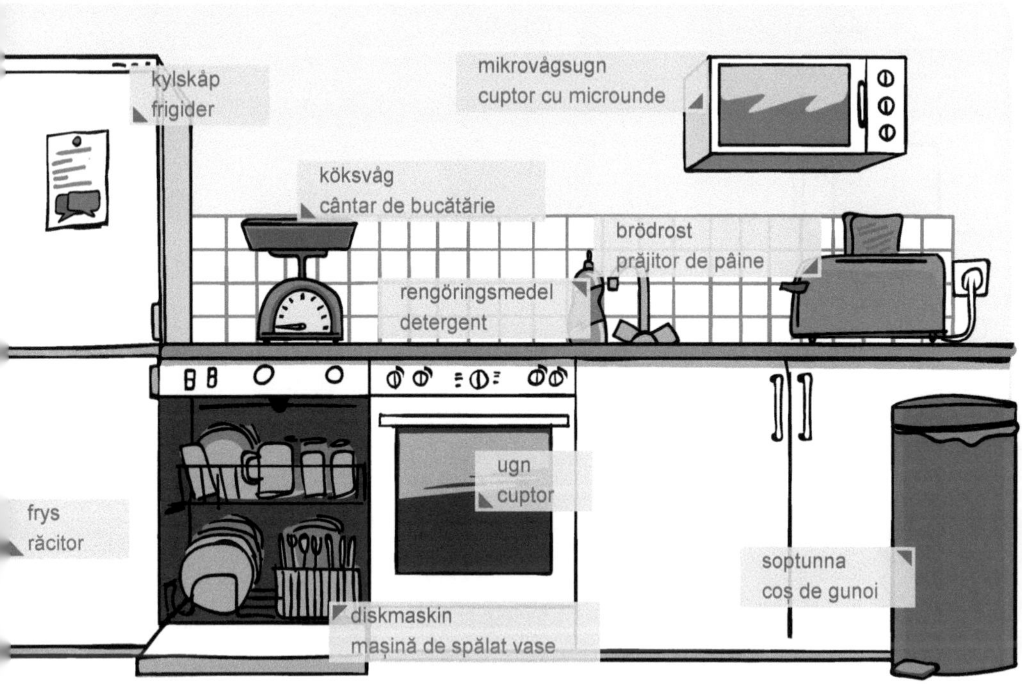
kylskåp
frigider
mikrovågsugn
cuptor cu microunde
köksvåg
cântar de bucătărie
brödrost
prăjitor de pâine
rengöringsmedel
detergent
ugn
cuptor
frys
răcitor
soptunna
coș de gunoi
diskmaskin
mașină de spălat vase

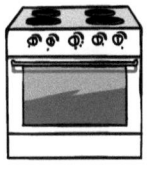

spis

cuptor

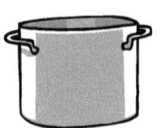

kastrull

oală

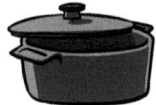

järngryta

oală de metal

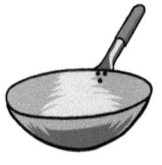

wok / kadai

wok/kadai

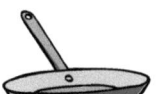

stekpanna

tigaie

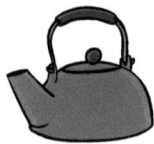

vattenkokare

ceainic

ångkokare

oală de gătit cu aburi

bakplåt

tavă de copt

porslin

veselă

mugg

pahar

skål

bol

ätpinnar

bețișoare

soppslev

polonic

stekspade

spatulă

visp

tel

durkslag

sită

sil

sită

rivjärn

răzătoare

mortel

mojar

grill

grătar

brasa

loc pentru grătar

skärbräda

tocător

kavel

sucitor

korkskruv

tirbușon

burk

conservă

burköppnare

deschizător de conserve

grytlapp

șervete termice

vask

chiuvetă

borste

perie

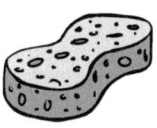

svamp

burete

mixer

mixer

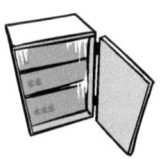

frys

ladă frigorifică

nappflaska

biberon

kran

robinet

badrum
baie

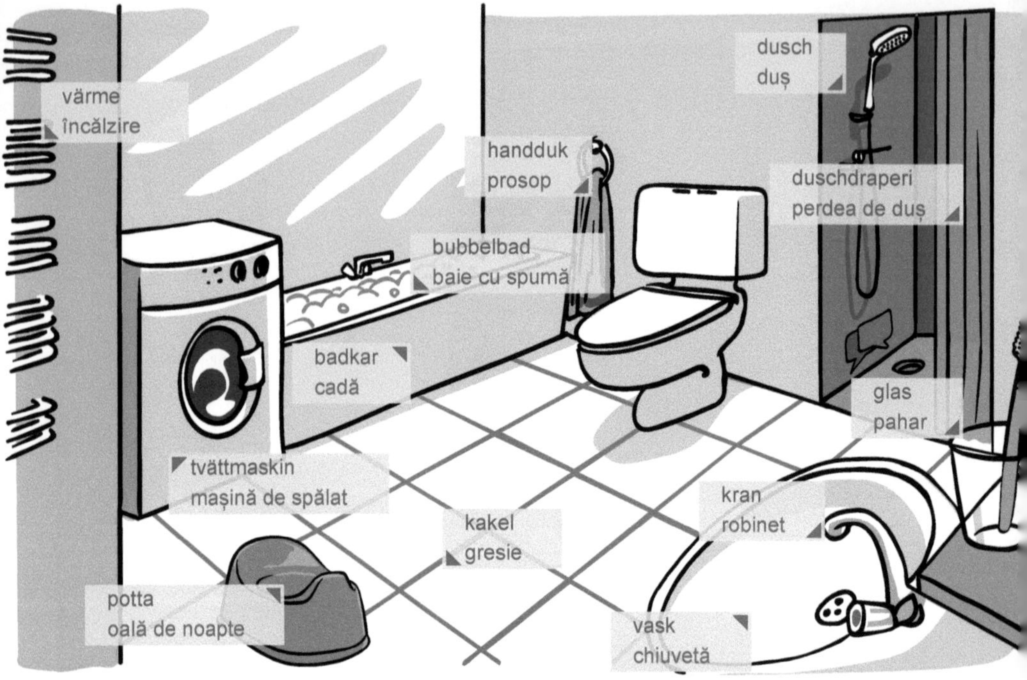

värme
încălzire
handduk
prosop
dusch
duș
duschdraperi
perdea de duș
bubbelbad
baie cu spumă
badkar
cadă
glas
pahar
tvättmaskin
mașină de spălat
kakel
gresie
kran
robinet
potta
oală de noapte
vask
chiuvetă

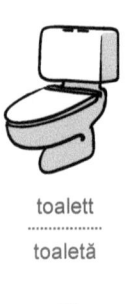

toalett
toaletă

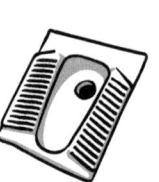

låg toalett
toaletă turcescă

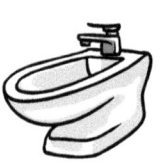

bidet
bideu

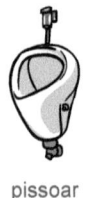

pissoar
pisoir

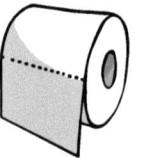

toalettpapper
hârtie igienică

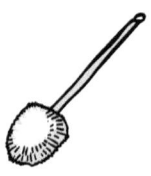

toalettborste
perie de toaletă

tandborste

periuță de dinți

tandkräm

pastă de dinți

tandtråd

ață dentară

tvätta

a spăla

handdusch

cap de duș

intimdusch

duș intim

handfat

lavoar

ryggborste

perie pentru spate

tvål

săpun

duschgel

gel de duș

schampo

șampon

trasa

cârpă de spălat

avlopp

scurgere

crème

cremă

deodorant

deodorant

spegel

oglindă

handspegel

oglindă cosmetică

rakhyvel

aparat de ras

raklödder

spumă de ras

rakvatten

aftershave

kam

pieptene

borste

perie

hårtork

uscător de păr

hårspray

fixator

smink

machiaj

läppstift

ruj

nagellack

lac de unghii

bomullsvadd

vată

nagelsax

foarfece de unghii

parfym

parfum

necessär
....
neseser

pall
....
taburet

våg
....
cântar

badrock
....
halat de baie

gummihandskar
....
mănuși de cauciuc

tampong
....
tampon

binda
....
tampon

kemisk toalett
....
toaletă chimică

barnrum
camera copiilor

väckarklocka
ceas deșteptător
gosedjur
jucărie de pluș
leksaksbil
mașină de jucărie
skallra
morișcă
dockhus
casă de păpuși
present
cadou

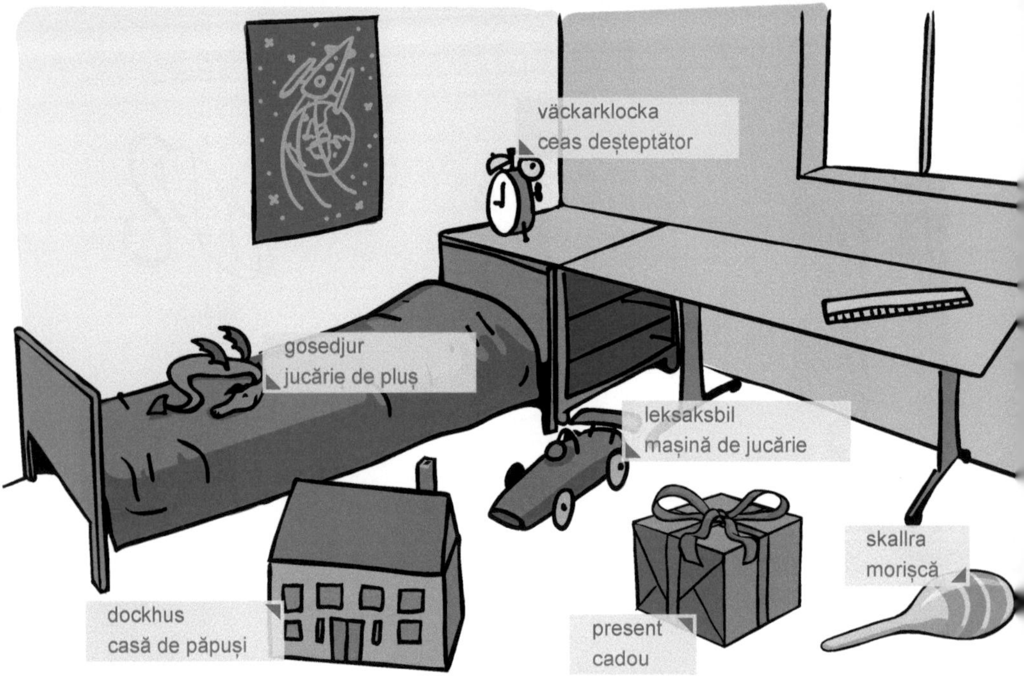

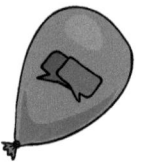

ballong
balon

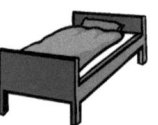

säng
pat

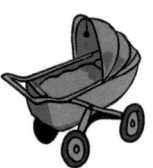

barnvagn
cărucior de copii

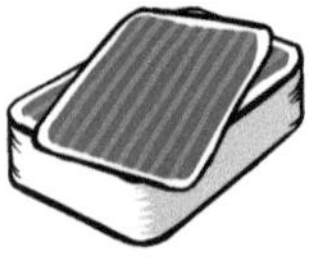

kortlek
joc de cărți

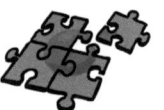

pussel
puzzle

SUPER
MEGA

serietidning
revistă de benzi desenate

legobitar

cuburi lego

klossar

piese pentru construcţii

actionfigur

personaj din filmele de acţiune

sparkdräkt

body

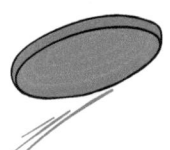

frisbee

frisbee

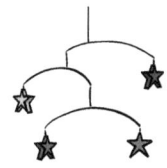

mobil

mobil

brädspel

joc de societate

tärning

zar

modelljärnväg

set trenuleţ de jucărie

napp

suzetă

party

petrecere

bilderbok

carte cu poze

boll

minge

docka

păpuşă

spela

a se juca

sandlåda

groapă de nisip

gunga

leagăn

leksaker

jucării

spelkonsol

consolă video

trehjuling

tricicletă

nalle

ursuleț

garderob

dulap

kläder

îmbrăcăminte

sockar

șosete

strumpor

ciorapi

tights

dres

halsduk
şal

paraply
umbrelă

t-shirt
tricou

bälte
curea

sneakers
pantofi sport

stövlar
cizme

tofflor
papuci

sandaler	skor	gummistövlar
sandale	încălțăminte	cizme de cauciuc
underbyxor	BH	linne
chilot	sutien	maiou

body
body

byxor
pantaloni

jeans
blugi

kjol
fustă

blus
bluză

skjorta
cămașă

pullover
pulover

sweater
jerseu

blazer
sacou

jacka
jachetă

kappa
palton

regnjacka
pelerină de ploaie

dräkt
costum

klänning
rochie

bröllopsklänning
rochie de mireasă

kostym

costum

nattlinne

cămașă de noapte

pyjamas

pijama

sari

sari

slöja

batic

turban

turban

burka

burka

kaftan

caftan

abaya

abaya

baddräkt

costum de baie

badbyxor

șort

shorts

pantaloni scurți

träningsoverall

trening

förkläde

șorț

handskar

mănuși

knapp

nasture

glasögon

ochelari

armband

brățară

halsband

lanț

ring

inel

örhänge

cercel

mössa

căciulă

galge

umeraș

hatt

pălărie

slips

cravată

dragkedja

fermoar

hjälm

cască

hängslen

bretele

skoluniform

uniformă școlară

uniform

uniformă

haklapp
bavețică

napp
suzetă

blöja
scutec

kontor
birou

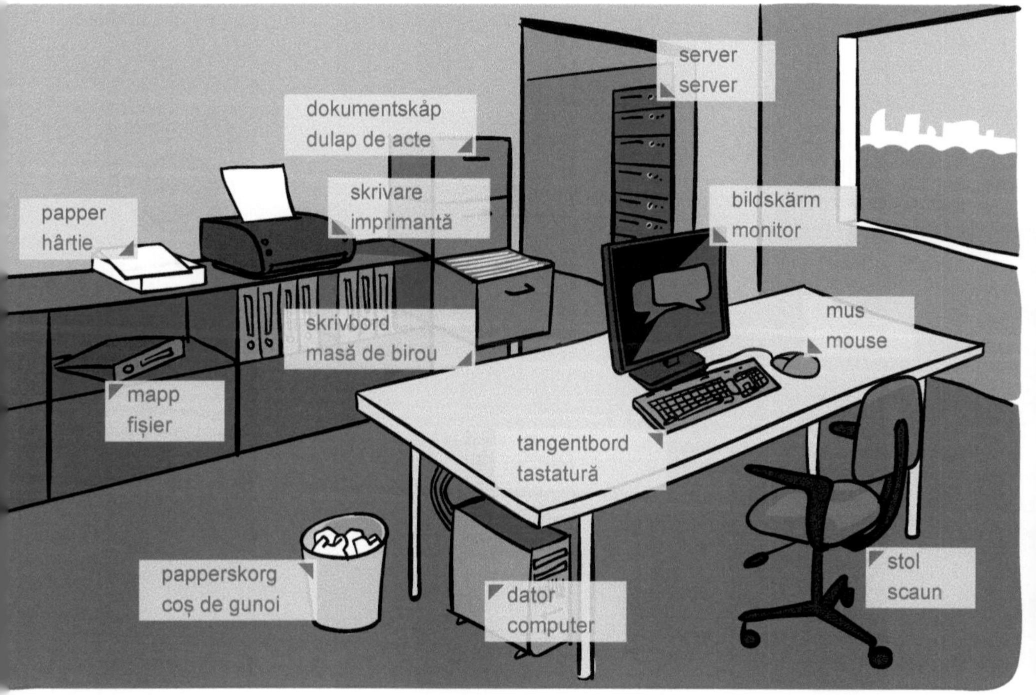

server
server

dokumentskåp
dulap de acte

skrivare
imprimantă

bildskärm
monitor

papper
hârtie

skrivbord
masă de birou

mus
mouse

mapp
fișier

tangentbord
tastatură

papperskorg
coș de gunoi

dator
computer

stol
scaun

kaffemugg
ceașcă de cafea

miniräknare
calculator

internet
internet

bärbar dator

laptop

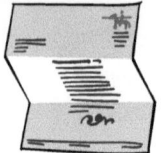

brev

scrisoare

meddelande

mesaj

mobiltelefon

telefon mobil

nätverk

rețea

kopieringsapparat

copiator

programvara

software

telefon

telefon

vägguttag

priză

fax

fax

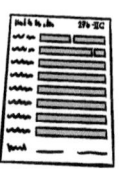

blankett

formular

dokument

document

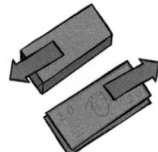

köpa

a cumpăra

betala

a plăti

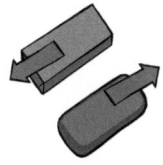

handla

a face comerț

pengar

bani

dollar

Dolar

euro

Euro

yen

Yen

rubel

Rublă

schweizisk franc

Franc Elveţian

renminbi yan

renminbi yuan

rupie

Rupie

bankomat

bancomat

växelkontor

casă de schimb valutar

guld

aur

silver

argint

olja

petrol

energi

energie

pris

preț

kontrakt

contract

skatt

impozit

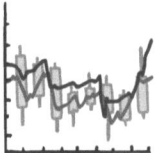

aktie

acțiune

arbeta

a munci

anställd

angajat

arbetsgivare

angajator

fabrik

fabrică

affär

magazin

polis
polițist

brandman
pompier

kock
bucătar

läkare
medic

pilot
pilot

trädgårdsmästare

grădinar

snickare

tâmplar

sömmerska

cusătoreasă

domare

judecător

kemist

chimist

skådespelare

actor

busschaufför

șofer de autobuz

taxichaufför

șofer de taxi

fiskare

pescar

städerska

femeie de serviciu

takläggare

tinichigiu

servitör

chelnăr

jägare

vânător

målare

pictor

bagare

brutar

elektriker

electrician

byggarbetare

muncitor în construcții

ingenjör

inginer

slaktare

măcelar

rörmokare

instalator

brevbärare

poștaș

soldat
soldat

arkitekt
arhitect

kassör
casier

florist
florar

frisör
frizer

konduktör
controlor

mekaniker
mecanic

kapten
căpitan

tandläkare
stomatolog

vetenskapsman
om de știință

rabbin
rabin

imam
imam

munk
călugăr

präst
preot

verktyg
instrumente

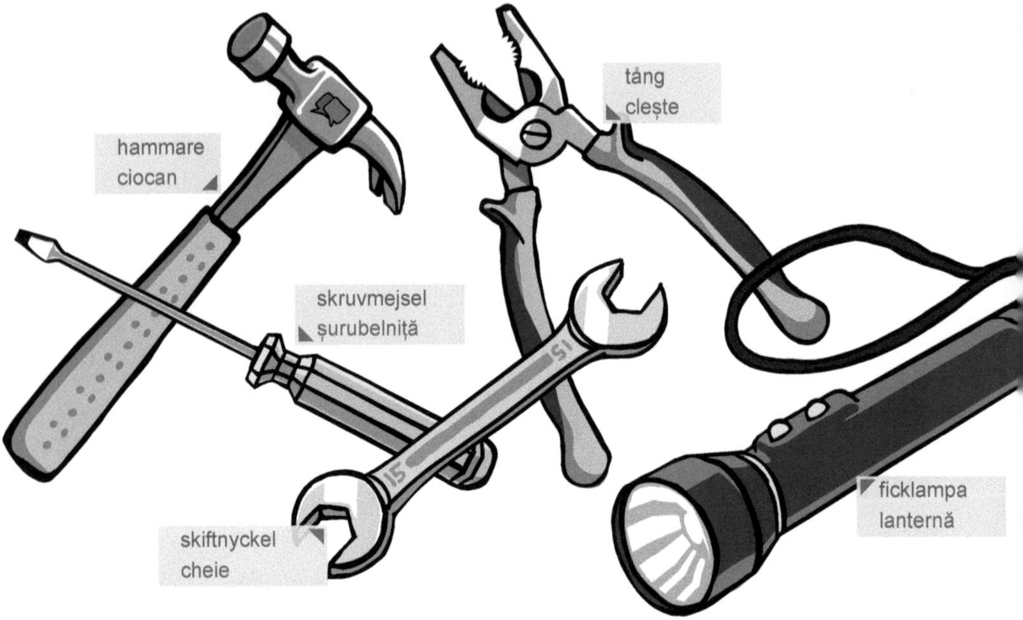

hammare
ciocan
tång
clește
skruvmejsel
șurubelniță
ficklampa
lanternă
skiftnyckel
cheie

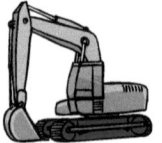

grävmaskin

excavator

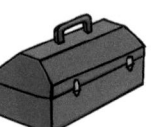

verktygslåda

cutie de scule

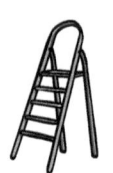

stege

scară

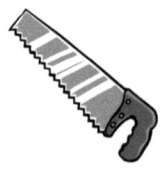

såg

ferăstrău

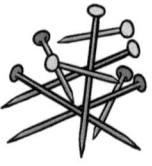

spik

cuie

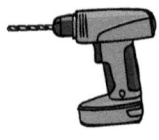

borr

burghiu

reparera
....
a repara

spade
....
lopată

Helvete!
....
La naiba!

sopskyffel
....
făraș

färgburk
....
vas pentru vopsea

skruvar
....
șuruburi

musikinstrument
instrumente muzicale

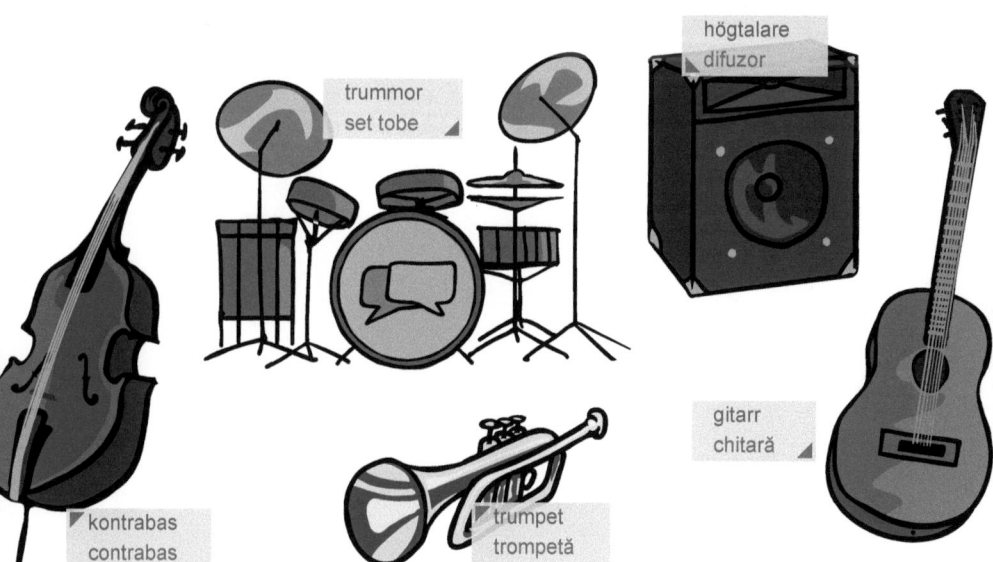

högtalare
difuzor

trummor
set tobe

kontrabas
contrabas

trumpet
trompetă

gitarr
chitară

piano	violin	bas
pian	vioară	bas

timpani	trumma	keyboard
trombon	tobă	keyboard

saxofon	flöjt	mikrofon
saxofon	fluier	microfon

ZOO

grădină zoologică

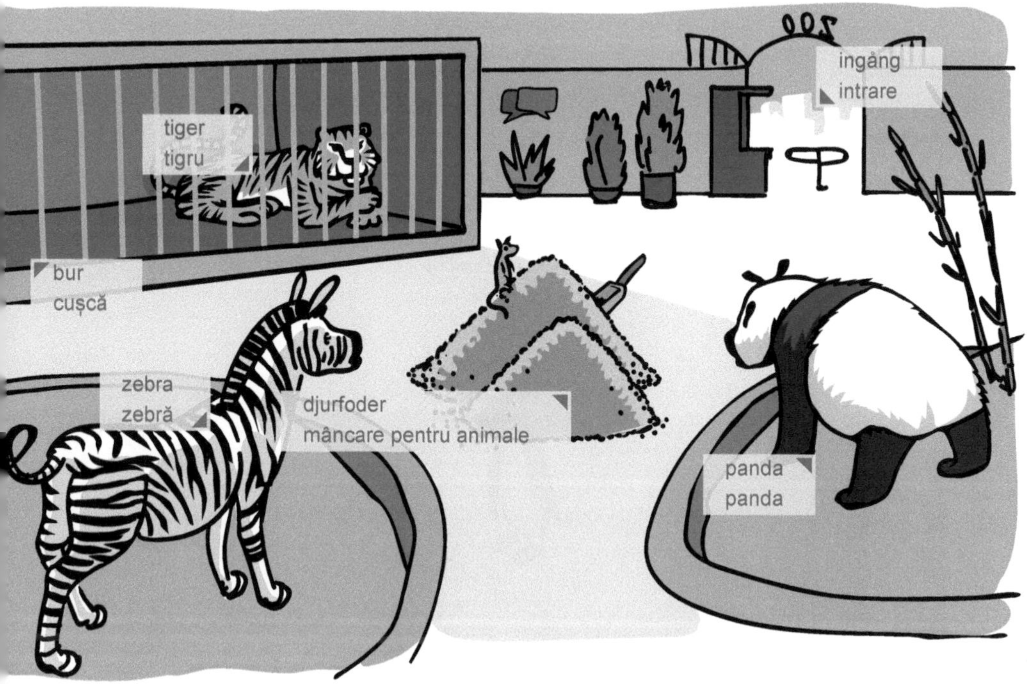
ingång
intrare
tiger
tigru
bur
cușcă
zebra
zebră
djurfoder
mâncare pentru animale
panda
panda

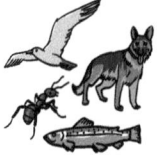

djur

animale

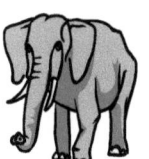

elefant

elefant

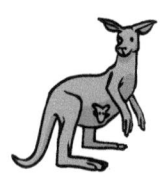

känguru

cangur

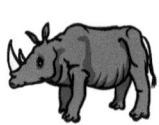

noshörning

rinocer

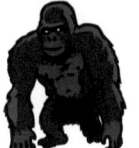

gorilla

gorilă

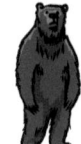

björn

urs

kamel

cămilă

struts

struț

lejon

leu

apa

maimuță

flamingo

flamingo

papegoja

papagal

isbjörn

urs polar

pingvin

pinguin

haj

rechin

påfågel

păun

orm

șarpe

krokodil

crocodil

djurskötare

îngrijitor grădina zoologică

säl

focă

jaguar

jaguar

zoo - grădină zoologică

ponny
ponei

leopard
leopard

flodhäst
hipopotam

giraff
girafă

örn
acvilă

vildsvin
porc mistreţ

fisk
peşte

sköldpadda
broască ţestoasă

valross
morsă

räv
vulpe

gazell
gazelă

zoo - grădină zoologică

amerikansk fotboll
fotbal american

cykling
ciclism

tennis
tenis

basket
basketball

simning
înot

boxning
box

ishockey
hockey pe gheață

fotboll
fotbal

badminton
badminton

friidrott
atletism

handboll
handbal

skidåkning
schi

polo
polo

aktiviteter
activități

skratta
a râde
hoppa
a sări
krama
a îmbrățișa
gå
a merge
sjunga
a cânta
drömma
a visa
be
a se ruga
kyssa
a săruta

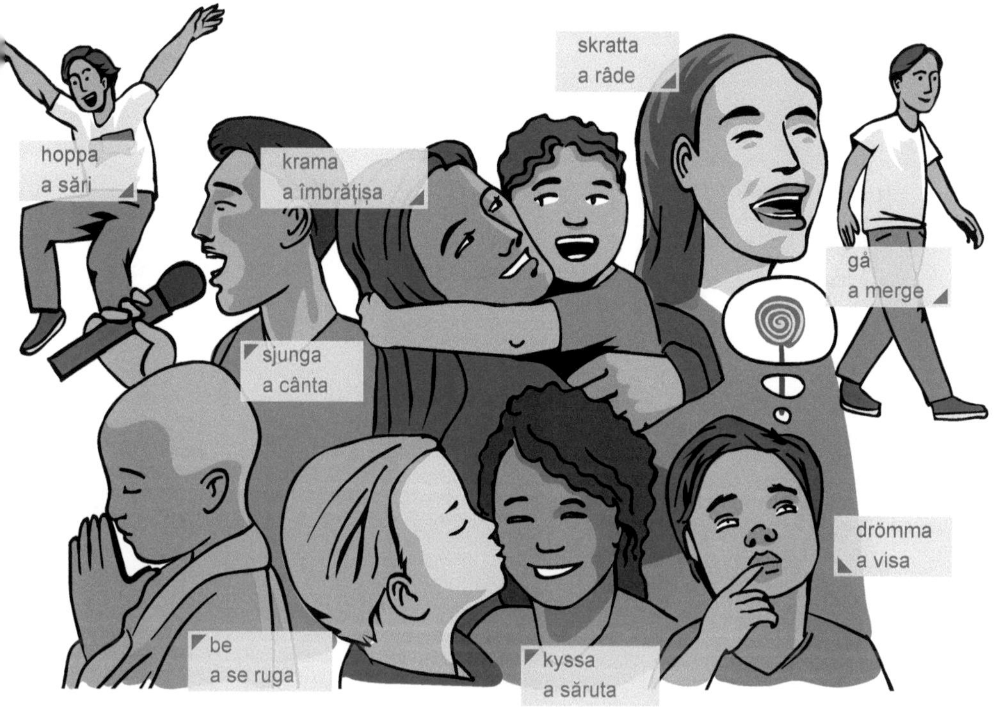

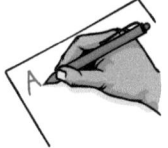

skriva
....
a scrie

rita
....
a desena

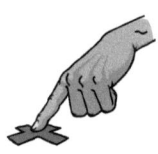

visa
....
a arăta

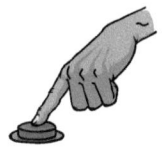

skjuta
....
a împinge

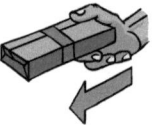

ge
....
a da

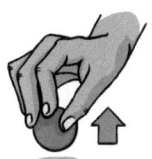

ta
....
a lua

hagel

a avea

göra

a face

vara

a fi

stå

a sta în picioare

springa

a fugi

dra

a trage

kasta

a arunca

falla

a cădea

ligga

a sta întins

vänta

a aștepta

bära

a purta

sitta

a ședea

klä på

a se îmbrăca

sova

a dormi

vakna

a se trezi

aktiviteter - activități

se på
....
a privi

gråta
....
a plânge

smeka
....
a mângâia

kamma
....
a se pieptăna

prata
....
a vorbi

förstå
....
a înțelege

fråga
....
a întreba

höra
....
a asculta

dricka
....
a bea

äta
....
a mânca

städa
....
a face ordine

älska
....
a iubi

laga mat
....
a găti

köra
....
a conduce

flyga
....
a zbura

segla
a naviga

räkna
a calcula

läsa
a citi

lära sig
a învăța

arbeta
a munci

gifta sig
a se căsători

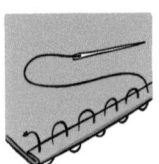

sy
a coase

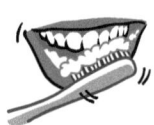

borsta tänderna
a se spăla pe dinți

döda
a ucide

röka
a fuma

skicka
a trimite

ormor/farmor
bunică

morfar/farfar
bunic

pappa
tată

mamma
mamă

baby
bebeluş

dotter
soră

son
fiu

gäst

oaspete

moster/faster

mătuşă

farbror/morbror

unchi

bror

frate

syster

soră

kropp
corp

panna
frunte
öga
ochi
skuldra
umăr
finger
deget
ansikte
față
haka
bărbie
hand
mână
ben
picior
bröst
piept
arm
braț

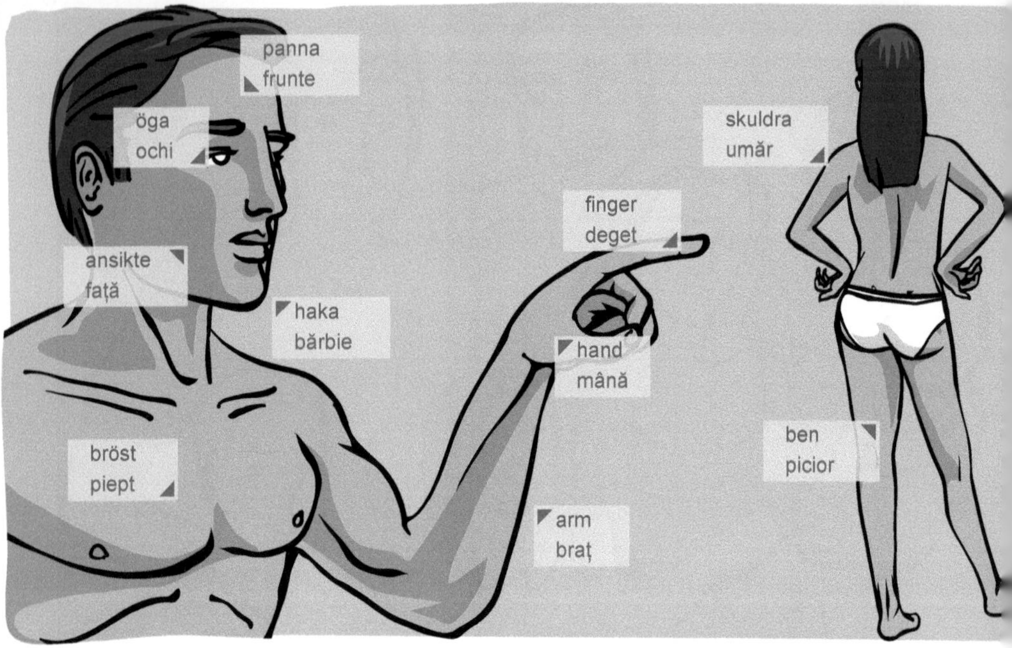

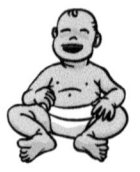

baby

bebeluș

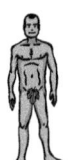

man

bărbat

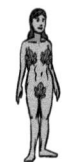

kvinna

femeie

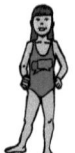

flicka

fată

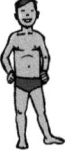

pojke

băiat

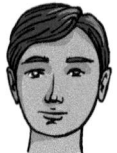

huvud

cap

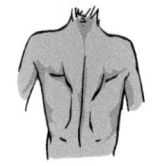

rygg
spate

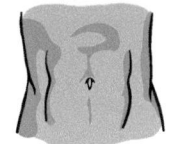

mage
abdomen

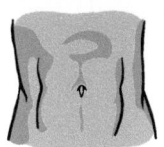

navel
ombilic

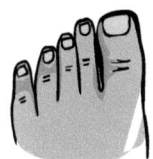

tå
deget de la picior

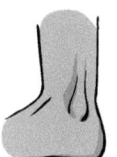

häl
călcâi

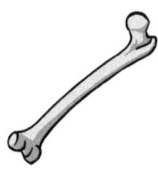

ben
os

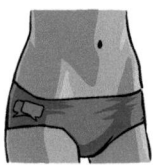

höft
şold

knä
genunchi

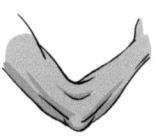

armbåge
cot

näsa
nas

stjärt
fund

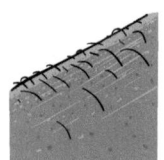

hud
piele

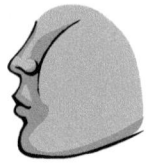

kind
obraz

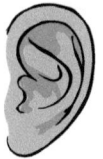

öra
ureche

läpp
buză

mun

gură

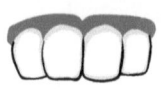

tand

dinte

tunga

limbă

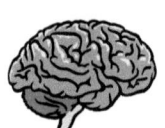

hjärna

creier

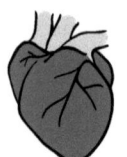

hjärta

inimă

muskel

mușchi

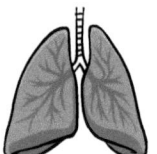

lunga

plămân

lever

ficat

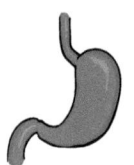

magsäck

stomac

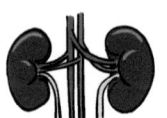

njurar

rinichi

sex

sex

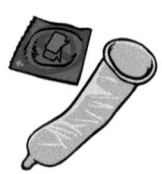

kondom

prezervativ

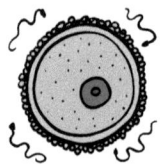

äggcell

ovul

sperma

spermă

graviditet

sarcină

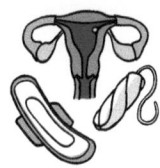

menstruation

menstruație

vagina

vagin

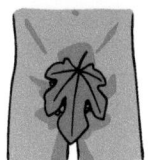

penis

penis

ögonbryn

sprânceană

hår

păr

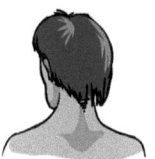

nacke

gât

sjukhus
spital

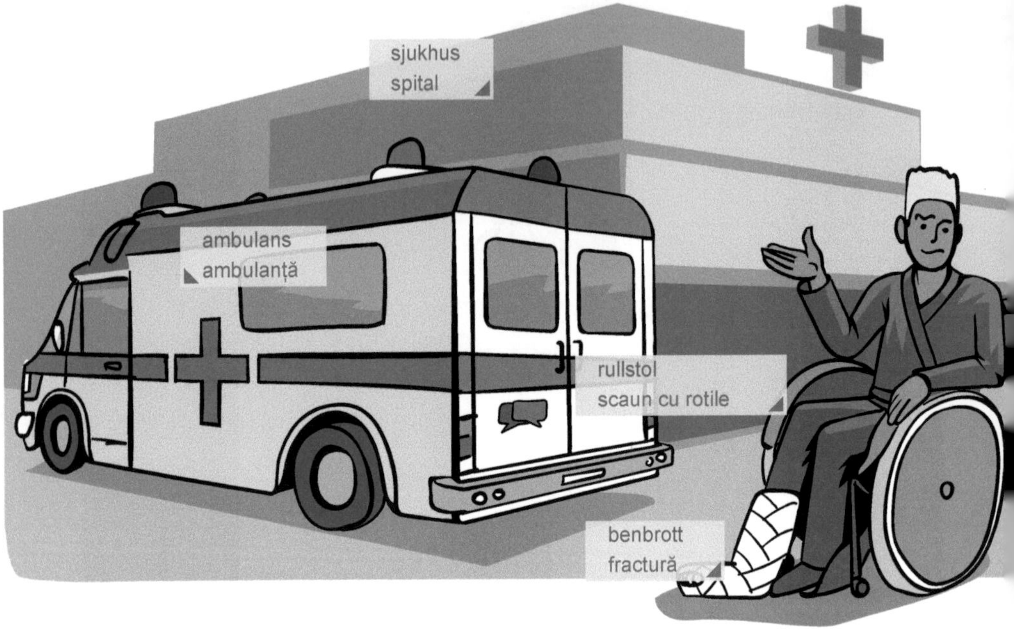

sjukhus
spital
ambulans
ambulanță
rullstol
scaun cu rotile
benbrott
fractură

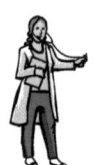

läkare
medic

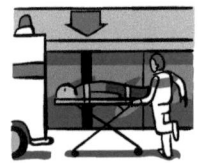

akutmottagning
unitate de primiri urgențe

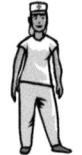

sjuksköterska
soră medicală

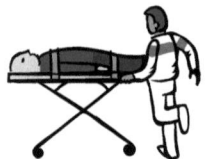

nödsituation
urgență

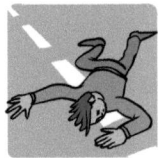

medvetslös
inconștient

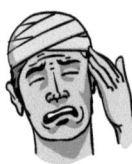

smärta
durere

skada	blödning	hjärtattack
leziune	sângerare	infarct miocardic
	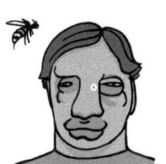	
slaganfall	allergi	hosta
atac cerebral	alergie	tuse

feber	influensa	diarré
febră	gripă	diaree
		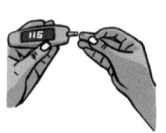
huvudvärk	cancer	diabetes
durere de cap	cancer	diabet

kirurg	skalpell	operation
chirurg	scalpel	operaţie

CT
CT

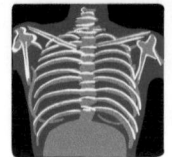

röntgen
raze Röntgen

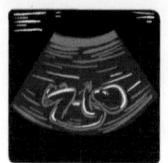

ultraljud
ultrasunet

ansiktsmask
mască

sjukdom
boală

väntsal
sală de așteptare

krycka
cârjă

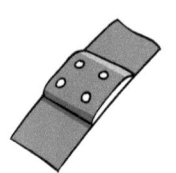

plåster
plasture

bandage
bandaj

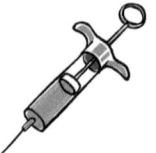

injektion
injecție

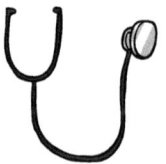

stetoskop
stetoscop

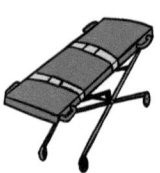

bår
targă

termometer
termometru

födsel
naștere

övervikt
supraponderabilitate

hörapparat

aparat auditiv

desinfektionsmedel

dezinfectant

infektion

infecție

virus

virus

HIV / AIDS

HIV/SIDA

medicin

medicină

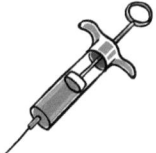
vaccination

vaccin

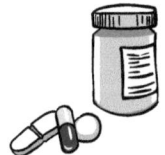
tabletter

tablete

p-piller

pastilă

nödsamtal

apel de urgență

blodtrycksmätare

aparat de măsurare a
presiunii arteriale

sjuk / frisk

bolnav/sănătos

Hjälp!

Ajutor!

alarm

alarmă

överfall

agresiune

misshandel

atac

fara

pericol

nödutgång

ieșire de urgență

Det brinner!

Foc!

brandsläckare

extinctor

olycka

accident

förbandslåda

trusă de prim-ajutor

SOS

SOS

polis

poliție

Europa

Europa

Nordamerika

America de Nord

Sydamerika

America de Sud

Afrika

Africa

Asien

Asia

Australien

Australia

Atlanten

Altantic

Stilla Havet

Pacific

Indiska Oceanen

Oceanul Indian

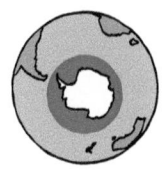

Antarktiska Oceanen

Oceanul Antarctic

Arktiska Oceanen

Oceanul Arctic

Nordpol

Polul Nord

Sydpol

Polul Sud

Antarktis

Antarctica

Jorden

pământ

land

țară

hav

mare

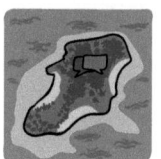

ö

insulă

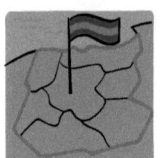

nation

națiune

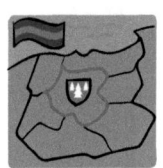

stat

stat

urtavla

cadran

timvisare

orar

minutvisare

minutar

sekundvisare

secundar

Vad är klockan?

Cât e ceasul?

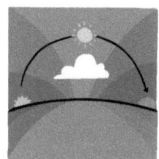

dag

zi

tid

timp

nu

acum

digital klocka

cead digital

minut

minut

timme

oră

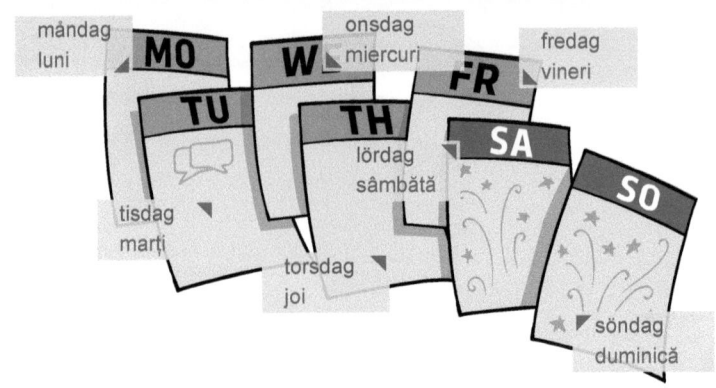

mândag
luni

onsdag
miercuri

fredag
vineri

tisdag
marți

lördag
sâmbătă

torsdag
joi

söndag
duminică

igår
....
ieri

idag
....
azi

imorgon
....
mâine

morgon
....
dimineață

middag
....
amiază

kväll
....
seară

MO	TU	WE	TH	FR	SA	SU
1	2	3	4	5	6	7
8	9	10	11	12	13	14
15	16	17	18	19	20	21
22	23	24	25	26	27	28
29	30	31	1	2	3	4

vardagar
....
zile lucrătoare

MO	TU	WE	TH	FR	SA	SU
1	2	3	4	5	6	7
8	9	10	11	12	13	14
15	16	17	18	19	20	21
22	23	24	25	26	27	28
29	30	31	1	2	3	4

helg
....
week-end

regn
ploaie

regnbåge
curcubeu

snö
zăpadă

vind
vânt

vår
primăvară

höst
toamnă

sommar
vară

vinter
iarnă

4.APRIL	11°	☀
5.APRIL	4°	☁
6.APRIL	13°	🌧
7.APRIL	8°	❄
8.APRIL	10°	☀

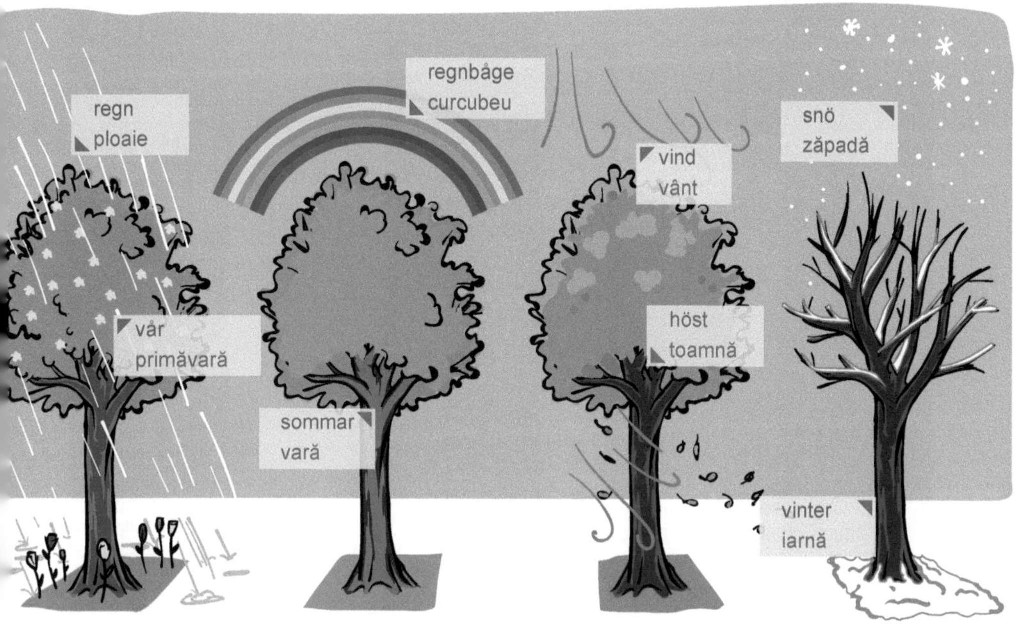

väderprognos
....
prognoză meteo

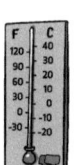

termometer
....
termometru

solsken
....
lumina soarelui

moln
....
nor

dimma
....
ceață

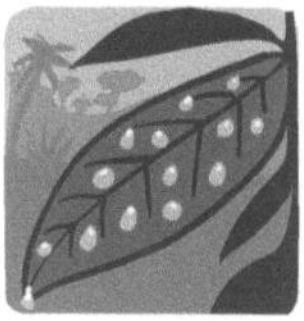

luftfuktighet
....
umiditate a aerului

blixt
....
fulger

åska
....
tunet

storm
....
furtună

hagel
....
grindină

monsun
....
muson

översvämning
....
inundaţie

is
....
gheaţă

januari
....
ianuarie

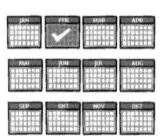

februari
....
februarie

mars
....
martie

april
....
aprilie

maj
....
mai

juni
....
iunie

juli
....
iulie

augusti
....
august

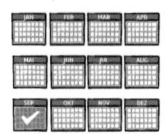

september
....
septembrie

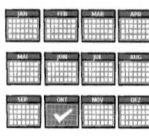

oktober
....
octombrie

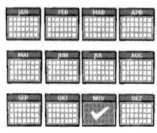

november
....
noiembrie

december
....
decembrie

former

forme

cirkel
....
cerc

kvadrat
....
pătrat

rektangel
....
dreptunghi

triangel
....
triunghi

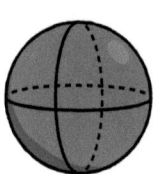

sfär
....
sferă

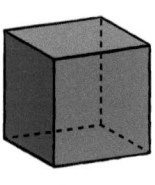

kub
....
cub

former - forme

vit
....
alb

gul
....
galben

orange
....
portocaliu

rosa
....
roz

röd
....
roșu

lila
....
violet

blå
....
albastru

grön
....
verde

brun
....
maro

grå
....
gri

svart
....
negru

mycket / lite
mult/puțin

arg / lugn
furios/calm

vacker / ful
frumos/urât

början / slut
început/sfârșit

stor / liten
mare/mic

ljus / mörk
luminos/întunecat

bror / syster
frate/soră

ren / smutsig
curat/murdar

komplett / ofullständig
complet/incomplet

dag / natt
zi/noapte

död / levande
mort/viu

bred / smal
lat/strâmt

ätlig / oätlig

comestibil/necomestibil

ond / god

rău/prietenos

upphetsad / uttråkad

emoționat/plictisit

tjock / smal

gras/slab

först / sist

primul/ultimul

vän / fiende

prieten/inamic

full / tom

plin/gol

hård / mjuk

tare/moale

tung / lätt

greu/ușor

hunger / törst

foame/sete

sjuk / frisk

bolnav/sănătos

olaglig / laglig

ilegal/legal

intelligent / dum

inteligent/stupid

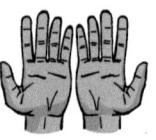
vänster / höger

stânga/drepta

nära / långt bort

aproape/departe

ny / begagnad

nou/uzat

inget / något

nimic/ceva

gammal / ung

bătrân/tânăr

på / av

pornit/oprit

öppen / stängd

deschis/închis

tyst / högljudd

încet/tare

rik / fattig

bogat/sărac

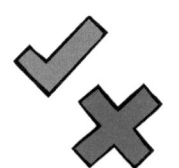

rätt / fel

corect/fals

grov / slät

aspru/neted

ledsen / glad

trist/fericit

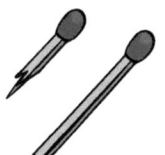

kort / lång

lung/scurt

långsam / snabb

încet/repede

våt / torr

ud/uscat

varm / sval

cald/rece

krig / fred

război/pace

0

noll

zero

1

ett

unu

2

två

doi

3

tre

trei

4

fyra

patru

5

fem

cinci

6

sex

șase

7

sju

șapte

8

åtta

opt

9

nio

nouă

10

tio

zece

11

elva

unsprezece

12

tolv

douăsprezece

13

tretton

treisprezece

14

fjorton

paisprezece

15

femton

cincisprezece

16

sexton

șaisprezece

17

sjutton

șaptesprezece

18

arton

optsprezece

19

nitton

nouăsprezece

20

tjugo

douăzeci

100

hundra

o sută

1.000

tusen

o mie

1.000.000

miljon

un milion

engelska

engleză

amerikansk engelska

engleză americană

kinesisk mandarin

chineza mandarină

hindi

hindi

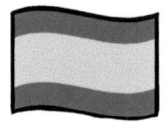

spanska

spaniolă

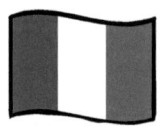

franska

franceză

arabiska

arabă

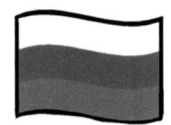

ryska

rusă

portugisiska

protugheză

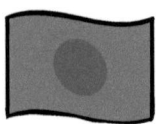

bengali

bengaleză

tyska

germană

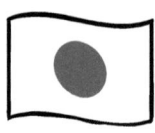

japanska

japoneză

jag

eu

du

tu

han / hon / den (det)

el/ea

vi

noi

ni

voi

de

ea

vem?

cine?

vad?

ce?

hur?

cum?

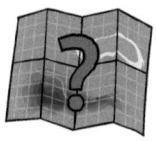

var?

unde?

när?

când?

namn

nume

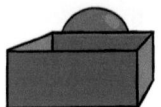

bakom
....
în spate

i
....
în

framför
....
înainte

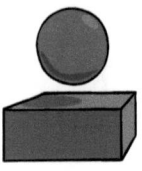

över
....
peste

på
....
pe

under
....
sub

bredvid
....
lângă

mellan
....
între

plats
....
loc